U0645857

诗
想
者

HI POEM

生　　活　　，　　还　　有　　诗

献给先父曹克勤先生

朱雀

Zhuque

曹波　著

GUANGXI NORMAL UNIVERSITY PRESS

广西师范大学出版社

· 桂林 ·

特约策划/ 刘　春
责任编辑/ 郭　静
助理编辑/ 覃伟清
责任技编/ 王增元
内页插图/ 旺忘望
装帧设计/ 璞　阆

图书在版编目（CIP）数据

朱雀 / 曹波著. —桂林：广西师范大学出版社，
2023.2
　　ISBN 978-7-5598-5603-6

　　Ⅰ. ①朱… Ⅱ. ①曹… Ⅲ. ①诗集－中国－当代
Ⅳ. ①I227

　　中国版本图书馆 CIP 数据核字（2022）第 207687 号

广西师范大学出版社出版发行
（ 广西桂林市五里店路 9 号　邮政编码：541004 ）
　网址：http://www.bbtpress.com
出版人：黄轩庄
全国新华书店经销
广西广大印务有限责任公司印刷
（ 桂林市临桂区秧塘工业园西城大道北侧广西师范大学出版社
集团有限公司创意产业园内　邮政编码：541199）
开本：889 mm × 1 194 mm　1/32
印张：4.25　插页：4　字数：90 千
2023 年 2 月第 1 版　　2023 年 2 月第 1 次印刷
定价：62.00 元

如发现印装质量问题，影响阅读，请与出版社发行部门联系调换。

序

梦海中浮现诗的花蕾

　　这是一本独特的诗集，所收 108 首诗写的都是梦。诗作的排列以《梦（1）》《梦（2）》《梦（3）》……为序，类似无题诗。这本诗集的出现，就曹波个人的创作历程而言，无疑显示了一种新的趋向，那就是向诗人心灵深处，特别是向潜意识领域的开掘。

　　现代心理学的研究表明，在意识的广阔的中央王国以外，还有着广漠无垠的待开发疆域——一个神秘的黑暗王国，这就是相对于意识而言的潜意识。潜意识不仅是巨大的信息库，而且是巨大的信息加工厂。人脑对信息的加工，一部分是在主体控制下进行的，可以被明显地意识到，即通常的表象思维与抽象思维等，存在于显意识当中；另一部分则不能由主体控制，不在意识中显示出来。这种在潜意识领域中进行的、不被主体意识到的信息加工，即潜思维。潜思维作为一种隐蔽的、不为主体所知的加工活动，难于为人们把握。所幸的是人天天都在做梦，从梦醒后对梦境的零星的、片断的记忆中，略可窥见潜思维的点滴情况。梦作为潜思维的一种表现形式，既是奇妙绝伦、转瞬即逝的幻象，又能引发无数的创造的契机，因而在科学与艺术的创造中具有重大价值。

小说、寓言中有不少写梦的作品，如英国作家刘易斯·卡罗尔的《爱丽丝漫游仙境》所写爱丽丝的那个神奇的梦，唐代李公佐的《南柯太守传》所写的"南柯一梦"，唐代沈既济的《枕中记》所写的"黄粱一梦"，从创作心理上说，其实都是作家在清醒状态下进行思考，假托梦的形式写出来，与他自己做的梦是两回事。

然而在古代诗人中有许多人确乎是受自己梦境的触动，把梦中的景象记下来并适当加工改造，得以成诗的。李白写《梦游天姥吟留别》时，并未游过天姥山，诗中描写的全是梦境。苏轼在密州任上时梦见了已经死去10年的原配王弗，写下了感人至深的《江城子·乙卯正月二十日夜记梦》。陆游的《剑南诗稿》中记梦和涉及梦的诗有几百首。曹波继承了古代诗人写梦的传统，前些年便写过有关梦境的诗，不过还是个别的、零散的；近年来，他则集中地向梦境开掘，"想要感谢熟睡中／找不准的幽灵／……／让我自带上无尽的诗意／展翅飞起"（《梦（10）》），于是便有了《朱雀》这本新诗集。

曹波喜欢写梦，很大程度上是由于梦具有超验性。人在觉醒的状态下，往往不能跳出日常生活的樊篱和习惯的窠臼，但梦境可以超越现实，不受时间和空间的限制，在诗人面前展示出一个神奇的、自由的世界。正如德国诗人诺瓦利斯所说，"梦是反抗生活的规律性和平凡特点的一个堡垒"（转引自弗洛伊德《梦的释义》）。诗人可以从梦境中受到启示，捕捉那转瞬即逝的虚幻景象，以通灵的笔墨，恣意挥洒，创造出一个基于现实，但又超越现实的瑰丽奇谲的艺术世界。

在曹波梦境中有这样的"被老虎包围"的场面：

> 梦里四只老虎，把我圈住 / 一只在我正前面 / 一只在左后，一只在右后 / 一只在我心内，它们绕着我 / 向前走 / 走过非洲热带雨林，草原 / 我嗅了嗅蔷薇，心里 / 充满勇敢 / 此时狮子们也只好，退后几步 / 观看
>
> （《梦（24）》）

在现实生活中，一般人如果被老虎包围，肯定会不知所措，惊恐万分。但在梦境中，被老虎包围的主人公却没有丝毫恐慌，而是在老虎的陪伴下，漫步在热带雨林、草原，连狮子也只能退避三舍。这幅梦中的情景是超现实的，其实也正是作者渴望的人与自然和谐相处的理想的反映。

曹波喜欢写梦，还由于梦能够充分展示心灵的真实。"梦是心中想"，不过这种"想"常以化装的、变形的、虚拟的形态出现，并伴有强烈的感情。弗洛伊德指出："梦中体验到的一种感情绝不低于在清醒生活中体验到的同等强度的感情，梦通过它的感情的而非概念的内容要求成为我们真正的精神体验的一部分。"（《梦的释义》）人在梦中是最真实的。在觉醒时有意回避的、不肯承认的，或者确实遗忘了的东西，到了梦中往往会自然地浮现出来。正由于梦触及了人隐秘的内心生活，因而诗人们喜欢抓住梦的一瞬间，赤裸裸地面对自己。

以曹波而言，对日常没完没了的会议，感到无聊与厌倦，便在短暂的午休中促生了这样的梦："中午睡觉梦见开会／我在本子上／画了一条鱼／眼珠朝上／眼白在下／好像望着／那个领导"（《梦（56）》）。又如，埋藏内心多年的一段隐秘感情，生活中无处诉说，在梦中却毫不掩饰地表白了："爱上一个40岁的大妈／在她40岁生日前一天／买了999朵玫瑰／在卡片上写下爱意／匿名寄给她／这在以前绝无可能／因为青春气盛／所以／很纳闷／早上醒来发现自己也这么大了"（《梦（70）》）。再如，在现实生活中感受到被人监督或遭人构陷，无从摆脱，无从宣泄，梦中便出现了一种可怖的景象："被追捕到无路可走／前面只剩下一堵钢墙／高耸入星／脑子乱了喘不上一口气／就要死时／醒来／追捕我的黑客／平时深藏着／在印象里／只有一双暗地观察的眼／到梦里竟然如此猛烈／凶悍"（《梦（73）》）。

梦境虽说是超现实的，但构成梦境的表象的断片无疑又是来自现实的。曹波长期从事旅游开发工作，他的有些梦便来自他的生活体验：

我在车上不停向贵宾们推介／挂满头上的棉花云／他们不断拍照／生怕错过／每一朵／我满含膨胀的热情／在车上推介／每一只兔子，每一只乌龟／每一匹马／老虎和豹子／和这个浮云般的／城市

（《梦（28）》）

在旅游车上向游客介绍风景、推荐商品，是导游每天要做的工作。到了梦中，现实的景象发生了变异，他介绍和推荐的不再是风景与商品，而是不断变幻的浮云，暗示的则是这城市这世界如白云苍狗，变幻无定，从而启发人们去思考人生，叩问未来，进行对哲理的追寻。

曹波的这本诗集，从头到尾写的是梦，但书名定为《朱雀》，乍看起来，似与梦毫不搭界，这是怎么回事呢？

朱雀是中国上古时期神话传说中的代表南方的神兽，象征一种祥瑞。同时，朱雀又可以指隋唐长安城的正南门——朱雀门。对于长期生活在西安的曹波来说，朱雀和它所标志的长安城的历史和文化记忆早已成为一种烙印，沉入了他的潜意识当中。通常说的潜意识，可以大别为后天潜意识与先天潜意识两类。后天潜意识，指的是个体有生以来所经验的、被感知的，包括被遗忘、被压制的所有信息的总和。先天潜意识，主要得之于遗传，又可分为生物本能潜意识与集体潜意识。生物本能潜意识包括饥饿驱力、性欲等生物本能。集体潜意识则是瑞士心理学家荣格提出来的。荣格认为集体潜意识是先天生成、与生俱来的，是从人的祖先那里继承下来的原始经验的总和。它的主要内容是"原型"，即可以通过遗传而被继承的人类原始意象的某种结构。这种原型是关于人类精神和命运的碎片，凝聚着人类祖先重复了无数次的欢乐与悲哀。实际上，不同地域、不同种族的人，都有不同的得自祖先的潜在的思维与行为模式，即集体潜意识，在特定的情况下，能促使人以本能的方式对外部事物做出反应。曹波诗中的梦境，其实正是以朱雀为标志的长安历史文化的原型与诗人后天贮存的信息，在潜意识中相互作用而产生的超验的、离奇的、荒诞的世界。从这点，我们似乎就不难理解曹波把自己写梦的诗集命名为《朱雀》的原因所在了。

吴思敬

2022 年 5 月 26 日

前篇

朱 雀

神鸟起飞

平行地面

保持姿势

悬于火岸

——题记

鱼翔浅底

黑色的衣服

暗藏空白，占着主导

洁白的地面，天花板上

天灯照射，起初，故事

"本身并不重要"，请从中给出一点颜色

往我的脊柱

肖邦响起，鸟飞过来

开始鸣叫到结尾然后飞走

云层叠加，不安的调子

烫金本炙手可热，找到虚幻

外的暗喻，黄金，流淌出，滚石被衔住

西沉的光谱

火溺于水，中秋见面后

时间将尽

倒映的一日，宇宙

静默以降

这是一首困难的诗，困在困难的时刻，解救的

月亮照在平地，宽泛且无语

照着移动转折的翅膀显出弧度，优美且无语

藏在暗地

有没有嘶吼，未被确认

糟糕的

传说，略苍白的

在夜中

的朱雀

饮冰山顶雪，与此同时

灼瞎眼睛

太阳，你在哪里，你在哪里，朱雀，你在哪里，神物

救命的无处不在的

鸟

隐藏在神话不可自拔的多数段落

烈火以冰封，冰封以烈火，以烈火冰封

我给予描述，确认

和解救

你忘掉星宿，将转为不朽

这样可以带我去

应该去的地方

从此时，我可以

将你带入

语言

目录

梦（1）

一条受伤的胳膊
拄着烛灯
寻找它的爱人
在火光里的
脸

梦（2）

这可能太晚了

已度过大半生，两鬓已苍，牵强的时间，残废灵魂，继
 续呼吸着

空气

某时夜以继日

某时

穿过快速的光，有叫声在另一边

从声音里钻出后

钻入柔软的

厚壁

梦里未知的领域触手可摸

熟悉的

厚壁

这可能太晚了，残旧灵魂，仍在那里

叫声，在别处高悬

一切快要

开始

或者将被

埋葬

梦（3）

十一月的雨

还未降落

在某处降下冰雹

一瞬间

干柴如烈火

手心里充满汗液

那是什么

太阳升起

月亮还未下落

飞机的尾烟

凝结在蓝玻璃里

月亮升起

半吊在天上

封在

朦胧的烟雾

从黑色的山穿过

雨从来不湿润

也不降落

这样

像我的命运

梦（5）[1]

深入虎穴时，我好像被人推了一下

走在了最前面，亦步亦趋

我害怕老虎，这一点毋庸置疑

因为我从小就胆小

在梦里，也一样

但我此时一无所有

饥饿让我失去常态

并且非常渴

急需一顿肉食，喝点血解渴也行

饥饿反而让我试着，勇敢一点

可能也大概猜到这是个梦

或许潜意识，我想我也不笨

结合以上综合性考虑，在梦中

我忽然感激刚才推我的人

看着老虎在前，众人在后

想着马上到手的虎子，血涌上来

---

1. 诗人创作"梦"系列作品时以编号为题，本集所收录诗歌保留原编号。

一个猛扑

从床上掉了下来

梦（6）

春天的梅花还在开

立于石头缝

流出的泉水中

它们在谈恋爱，蝴蝶萦绕，飞来飞去

绕着对方

像梁祝

两个

它们一直谈

这个庸俗小说，令我

得了肠胃病，住院不止

一直这样，延续着

呕吐不止

来了又去，终于在最后，呕吐净后

化蝶了

梦（7）

鸟在笼中

空壳四处飞驰

无面者跳来跳去

思归者在远处

孔子在云端

鸟在笼中

总盼望奇迹

每个细节

充满敏锐

一百种可能

包括细胞

奇迹从未发生

鸟在笼中

我成了一个诗人

梦（8）

我的文字

就在舌尖

热得发烫

就要流到

地上

它将吞噬另一个

味蕾

我把它拿出

曝于深秋的

夕阳中

黄色的银杏叶在风中飘动

金黄的叶子

热得发烫

就要流下

来

梦（9）

把头发弄卷

把手指弯曲

向我微笑

吉光片羽

梦（10）

想要感谢熟睡中

找不准的幽灵

要感谢哪个，它藏在哪个梦里

感谢之情像大风般刮着

它令我细胞的某部分神经

结上非此即彼的果实

我要感谢的就是它

让我自带上无尽的诗意

展翅飞起

梦（12）

噩梦每刻
梦见掉牙

多余之牙
文静魔鬼

喜欢魔鬼
竟然如此

雾霾连天
犹如现在

每一秒
这一秒

扼住咽喉
松开

Kiss to kiss[1]

醒来啊

健将返回童年

犹如瀑布

回到未来

犹如

环游地球

---

1. Kiss to kiss：接吻。

梦（14）

坐在考斯特中

如幽灵一样

昏睡

大师在笑

最后一个笑我

脸色神秘

大师像月亮

今天阳光灿烂

太阳很大

一切没有污染

拿斧头把旁边收拾干净

收拾利索

斩除完毕

我的鼻子又灵了

一把硬骨头

费奥多尔·米哈伊洛维奇·陀思妥耶夫斯基

梦（16）

多水的躯壳

干燥的黄土上

一切相反的似乎马上要结束

马上升起黑烟

与之相反

是行走的一团火

隧道太长

我用火焰将你驱赶

梦（18）

我绕着公园逆时针转圈

看时间能否倒回

景色照着落日

呼啸而过

此刻我不想时光倒流

只是试试看

能否这样

因为现在刚好

痛苦伴随着

欢乐

梦（19）

青年采风团

走进这儿走进那儿

走进新闻走进梦

走进照片走进排比

走进抒情

走进依赖走进眷恋

走进土地

走到墙根儿

跟前

然后

其中一个来到我餐桌对面

总偷夹我碗里的米饭吃

被发现后说

看你吃那么香

就想尝尝

梦（20）

人来人往的街道

行人过往穿行

片刻风吹过下起雨

打响树上的叶子

每个行人都打起伞

就在我转眼的一瞬间

遮去他们的

面孔

剩我一个在雨中

没有伞，无伞之人

此景常出现在我的梦中

和每次突如其来的

这些雨

梦（21）

在梦里

谬不可言

每天每夜

每分每秒

须臾之间须臾以后

再等等

再等待片刻

等待魔鬼，等待天使，等待躯壳丰满

等待长出长矛

等待血肉

和它们

长出良心

梦（22）

总是从寒带下来
被当成一个异类

樱花到处都是
并不见得多好

站在中间
我就是樱花一朵

今年天气干旱
更想要火上浇油

起得太早
犹如噩梦

会不会在愚人节告别
会还是不会

愚人永远不知道

何时离开

刚想到这时

遇见三个愚人

他们迎面走来

躲避已晚

硬着头皮"Hello[1]，各位贤达，好久不见"

随后掏出手机写诗

死扛死扛

想吃一块巧克力

---

1. Hello：喂，你好。

愚人节
梦魇的夜晚，濒临的黎明

我就是其中之一
稍有分别

没有酒
也没有醒

写上一首
然后继续

梦（23）

酒后不见天地悠悠

天旋地转中

看见了几个莽汉

摩拳擦掌朝我走来，似乎准备揍我

我马上用手敲头

换个频道

见到曾经一个红颜知己朝我走来

我们相处半会，热情之后

又敲头

还想见一下李白

梦（24）

梦里四只老虎，把我圈住

一只在我正前面

一只在左后，一只在右后

一只在我心内，它们绕着我

向前走

走过非洲热带雨林，草原

我嗅了嗅蔷薇，心里

充满勇敢

此时狮子们也只好，退后几步

观看

梦（25）

我由西安乘火车去北京

因为需要休整

火车在延安停了数日

等开动时季节已更替

以致我忘了最初何时出发

到了北京

季节又改变

哦，季节改变

头上下雪

风像刀子刮着脸

我还穿着短袖在照相

我心情激动

身后的绿皮火车

装在我脑子里

从没改变

在这时

我梦见妈妈

讲在绿皮火车上的

工作往事

梦（26）

我忘了一个好梦
起来后呆若木鸡

梦（27）

白色轿车在环线飞驰

途中放下驾驶员

然后继续行进

轨迹如发白的银带

闪着应急的

长光，越来越快

越来越快地

闪着

逐步脱离靶心

摆尾而去

梦（28）

我在车上不停向贵宾们推介

挂满头上的棉花云

他们不断拍照

生怕错过

每一朵

我满含膨胀的热情

在车上推介

每一只兔子，每一只乌龟

每一匹马

老虎和豹子

和这个浮云般的

城市

梦（29）

我们的气血不行

我们反复

在黑暗中

我们早上醒来谋划，说好改变

投向光明

到了晚上又打算回来

原地，我们

的血液流不到骨髓中

我们钙化，在身体的某些部分

在某些部分因为过去的时间

在过去

有一部分在黑暗里，现在

它钙化，钙化成不朽的石头

不朽，像是反转的节奏

像破碎虚空

我们在中间

还好我们望见了

光明

还好一切还有些光明

趁着这个

拖着这

躯壳

就相爱

到永久

梦（30）

机器人眼逐渐噙满

回流的眼泪

走兽用牙咬断

另一只走兽的颈

赤子在烈日里露出膀互搏

此赤子非彼赤子

风雅士于房子里面摇扇，讲学

喝茶

其内心更加是充斥着，并不明显的灯光

智客围一堆下

中国象棋

让两个马的货最后赢了

梦（31）

梦见阿根廷队三比零胜利
起来一看零比三输掉
暗中的球星带着球狂奔
平原上的麦子熟了
金黄一片
照进梦里

梦（32）

花落尽，也只有
树干，以及
其他，其他的，其他的
其他的，其他的
落尽落尽
其他的，清醒的
清醒的
清醒或者
其他

梦（33）

时间如梭

快如飞机

我回忆起我的老年

又紧接来到我的童年

到底是在

前进还是后退

我的眼睛

藏在摇摆的皱褶里

梦（34）

在凡·高的《星月夜》的展览馆

在里边的

一层又一层

穿越

带着我

游移

他带领着，充满耐心

他的年龄比我还小两岁

激情比我大上

数百倍啊

《向日葵》充满热烈，热烈的风暴

照出我的潮湿阴冷

和忍耐，我屏住气

随即越变越小

无地自容地

我迫切想找个地缝进去

这浪费的

地方

梦（35）

我从未感到满血复活

哪怕在任何好梦里

在足球场的草里

行驶的梦，草木茂盛，几十条腿

在动作

推进到前场，不慌不忙，进入

欢呼

一瞬间我或多或少得到充血

我或多或少

释放

但没有如释重负，依然如此

欢呼以后，一切好些了

射入一个球，一个成功的梦

这是个好的开端，

就像

满血复活的

半马

梦（36）

那是一个天台
我们往下张望
看见一片
重庆森林

梦（37）

高速铁路列车正以

追赶落日之速

向西行驶

追逐几乎消失的白光

此时我在傍晚倚窗睡去

带着恐惧的希望

希望的恐惧

啊，你们

一次一次施以

咒语

给大地，大地

我在傍晚窗边醒来

城市的灯光点缀漆黑的夜空

我又一次

好过来

梦（38）

台风"安比"登陆上海

那晚

那几幢顶级高楼

在风中起舞

我家不知何时搬到

其中某幢的最高层某间房内

家在不停摇摆

此时我在家里招待宾朋

因为恐惧

我们彻夜饮酒

随幅度集体跳舞

到最后

他们陆续坠入云端

只剩下我紧握门把

蹲在地上

等待黎明

梦（39）

早上出发于凌晨几时

刚才的梦尚未结束

蝼蚁侵蚀我的骨骼

它们目前并无希望

蝼蚁与骨骼

两者只能相互致意

还好中午遇见艺术

毕加索神迹

重现于斜坡之上

蝼蚁继续侵蚀

左半边的神经网络

包括细小的血管

有人问我得了什么病

与此同时我得到一幅艺术品

夜幕很快降临

还好时间过得飞快

黑夜的仓促中我丢失了

问我的人

梦（40）

拿一支笔
像麦克风
拿起吉他
学扫三弦
跳上舞台
唱首朋克

梦（41）

雨下在头上的玻璃顶

形状像下在荷塘

醒来后便

打断即将复苏的诗意

即将减轻的病情

我濒临于此

是命运的宠儿

夏日喷泉射在玻璃顶

我的爱人大概

命运多舛

梦（42）

它们在窟窿里

准备下蛋

和上次见时一样

在烈日下

它们把蛋下在窟窿里

然后离开

它们离开融入鸡群

一拨又来

它们不断周而复始

在烈日下

它们轻描淡写

行云流水

它们就像蓝丝绒

一样飘浮

它们见证

最后一次

然后开始

梦（43）

走在救赎的小径

首先治愈

我的精神

然后是

顽皮的躯壳

然后是

两个灵魂

然后是

每个细小世界

别无他途吗

是的

是的

那就用力

用力，用力

去抓

幽暗的灵魂

幽暗灵魂的随时遁去的

尾巴

梦（44）

狗儿们得知狂犬疫苗是假的后
逐渐相结走上马路
露出獠牙

七彩云团一片一片
连向边境
掘地鼠向地打洞
三尺有余

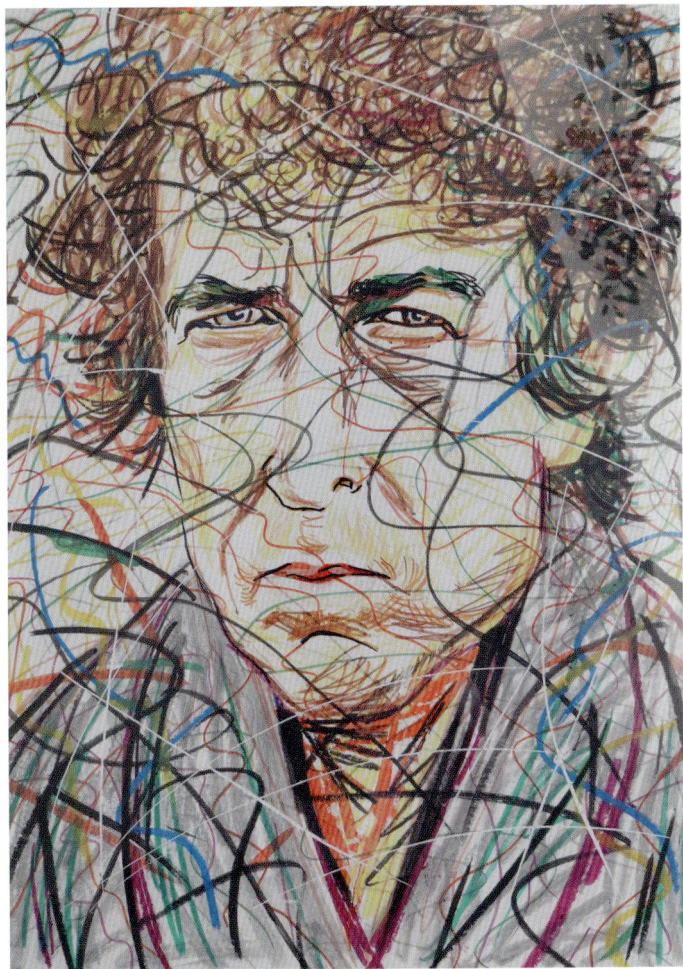

鲍勃·迪伦

埃兹拉·庞德

梦（45）

在花园抓住一只猫

金色或是白色的

抓住了它的腿

准备拿回家养

在路上竟然和我说起了陕西话

而且是土话

因为太难听

还没提到家就把它放了

梦（46）

在黑夜长啸

直到天亮

梦（47）

Z君和C君下午来我处

他俩关系不好

各自完事没打招呼就走了

晚上二位来我梦里

跟兄弟一样

在饭桌上搂抱

过来过去

最终把桌子打翻

鱼汤泼满我上衣

不知为何饭店没纸

我骑着老式自行车到处找

找了大半夜

直到睡醒还是腥的

梦（48）

在我边上形成的一条小溪

宽两米五到三米

水流平静

暗流不止

漩涡在心里形成

要过来请跨越

除了健将

其余断腿儿失足

我在这边迎接健将

以及看书

写诗

喝威士忌

梦（49）

冬月十七日
汽车穿过长安街
反光玻璃中
另一个我
在观看

梦（50）

早就明白是枉然了

还要跟着凑热闹

那戏子唱的啥

谁也不知道

胡说一气

好像是

真理

吧

啪啪

啪啪啪

像苍蝇拍

啪啪啪啪啪

那戏子唱摇滚

真理总在风雨后

那摇滚总在迷雾中

迷雾中总有朦胧的美

风雨过后会不会有美丽

的天空

梦（51）

平安夜一个家长

把孩子领来说

交给你了

好好培养

慌乱中我把他领到

身边的手下张某某那

说这都交给你了

好好培养啊

拜托

随后不知再说什么

于是开始喝酒

梦（52）

雪下在南部啊

南边

北方太阳

和朦胧的太阳

不明显

牙齿和牙齿在进攻

嘴和牙齿，牙齿和嘴在进攻

它们

正好

咬上

梦（53）

大夫给我按风池穴

帮我治睡眠

我说这样不好使

会做长梦

果然如此

大夫说怎么会

我知道他医术不高啊

没号出我这血液倒流型体质

也怪我没告诉他我这病是

幻想明天

得的

梦（54）

发际线退后

前额的月光更加明亮

月光或者太阳

狗的舌头

风，云，鬼的脸

运动的胴体

喷气式飞机的尾巴

在眼睛上面

梦（55）

尽量都敞开

包括房子窗户

日夜打开

桌子和地面多擦几次

酒瓶打开音响打开书翻开

蚂蚁从管道爬上来

鸟落在窗台往里看

魂魄

排列着

汹涌的海浪

手伸开

又细又长

脚尖

继而一切都敞开

门紧紧锁住

梦（56）

中午睡觉梦见开会

我在本子上

画了一条鱼

眼珠朝上

眼白在下

好像望着

那个领导

梦（57）

在高速公路上
听到家里那两只鹦鹉
叽叽喳喳在叫
睁开眼发现是
风穿行过隧道

梦（58）

秋天把香榭丽舍人街

染成童话世界

梦里它是此起彼伏的山丘，湖

商店点缀在中间

考察团大巴司机是个女的

开得很猛

每次转弯一踩刹车

身边成员就换一遍

最后终于都换成了我的上级

我也就相应地变成副司机

兼专职摄影师

梦（59）

伟大的夜

降临

叶子花

花瓣落下

像血一样

又可以在暗地

喝酒

有点冷

正好

白色衣服

环绕四周

像无人说话的

布

梦（60）

上楼下楼

来回来回

东奔西跑

南去又归

心意无辙

当月亮升到当空前

当没有下雪

月亮没有照在雪上

没有泛着白光

不在森林

叶不落

不在海岸，天台

或海边

梦（61）

身有猛虎

热烈奔放

就住在喉咙

鼻子眼睛附近

随时准备出来

发现猎物

或者没有

张开牙齿扑过去

咬

上牙摩擦着

下牙

梦（62）

在街上走

天空下着蒙蒙雨

在繁华路段

一个蒙面女性问我去眼袋吗

我说现在刚好去什么眼袋

她说连你双侧的

扁平疣也一起消除

扁平疣扁平疣

我就靠这个添加魅力呢

视力那么好

梦（63）

危难之时在黑梦里

在黑梦的边际

蝙蝠飞舞射出寒光

撞来

欲望之花开满大地，满天

遮住享有盛誉的

果实，准备

随时谢幕

有一只手，不停呼喊

在黑梦里

把我拉出

并说

这是最后的希望

梦（64）

尊敬的乘客

您好

本次航班即将抵达终点

请注意您的心情

安全降落

降落降落

降落降落

梦（65）

抽象主义大师来授课
在讲到他拿手的地方时
指出结婚后不能干三件事
爬竿，唱歌，做爱

梦（66）

新笑容把旧日更替掉

我把痛、恨写诗里

逐渐使我

正常化

这么一再地

好货占比越来越大

它们越来越多

更加幽默了

越来越

好玩

我一遍一遍改我的新诗集

真是个执拗狂

改了八遍

以后

发现把关于恨的

都换没了

占到整个的

一半儿

天，那么多恨

在梦外

梦（67）

清明被鸟鸣吵醒

暂时停止习惯性的梦

窗外下起雨

仿佛回到诗意的长安

飞鸟徘徊

夹竹桃在夜晚怒放

这不是方案的前几行

而是痛苦的

一首诗

梦（68）

两者取其轻

我选择吸这里的雾霾

毫不犹豫

简洁的，二选一

车就要下绕城高速

我深吸一口气

进入雾中星阙

我跳下车

进入这里

我进入雾中的星阙

甩开那辆汽车

毫不犹豫

和里面让人窒息的

气味

由异类散发

不得不忍受的

大爷的

遗味儿

梦（69）

一城文化

半城神仙

抬头望月

低头吹牛

晚上做梦

白天做梦

太阳

高挂

月梦

寂寥

梦（70）

爱上一个 40 岁的大妈

在她 40 岁生日前一天

买了 999 朵玫瑰

在卡片上写下爱意

匿名寄给她

这在以前绝无可能

因为青春气盛

所以

很纳闷

早上醒来发现自己也这么大了

梦（71）

成功大师在空中传颂
事实的黑色
放着光

二货文青
一直飘荡

号称矢志不渝者
最快
产生变化

最后，当我从五千年梦里逃出
从此不再为自己难过

梦（72）

我坐上过山车

在梦里

那个复杂的梦，过山车

是世界最大的

之一

在上面我持续翻滚

比现实

更加真切感受到那整个过程

随着过山车结束

我醒过来

感到头重脚轻，一切颠倒

胃水翻滚

在凌晨四点后

再没有入睡

我从来敬畏有用之人

是细胞的反应

很快用细胞分辨出他们这些人

从童年一直到

现在

我知道这一切

假意远大于

别的

昨夜我被这样一个人

弄上过山车

我清楚记得他是谁，由此产生出无以言表的恐惧

和顺从

还好这次

没有把我弄到其说的

天堂

梦（73）

被追捕到无路可走

前面只剩下一堵钢墙

高耸入星

脑子乱了喘不上一口气

就要死时

醒来

追捕我的黑客

平时深藏着

在印象里

只有一双暗地观察的眼

到梦里竟然如此猛烈

凶悍

梦（74）

这趟列车开往上海
却反向向北而驰
我在最北的
拐点处
被放下

人生何处
不相逢
所以我毫不犹豫地下去

刚修好的一条路
还没有装路灯
情况
大概
这样

今晚一点也没有恐惧与孤单
我在这里等待魔鬼

沃尔特·惠特曼

艾伦·金斯堡

和欺负过我的人
佩带着刀

黑夜
正越来越长
正适合伴随我
火热的心

"穿过摇摆的街道
通向幸福成功天堂自由梦想"
我这么哼

对面通向哪里
这里的未来
哪里
天已拂晓

我在返回的

高速路上

听了一路流行歌曲

《一人一首成名曲（华语）228》

这重新使我变得正常

量子纠缠吗？好像以前写过

类似的诗

梦（75）

我一路南下

在玉华宫服务区吃了油泼面

继续往下

发现写诗用的手机不见了

怎么也找不见

这可不行

我从铜川北掉头

开到玉华宫服务区

从天桥过到吃面那边找

正快绝望时

一个清洁工老头子走过来

把手机递给了我

我打算转他 200 块钱

可他没带手机

只好把口袋里仅存的 50 元给了他

除此之外

我为他默诵了一段

梵音

梦（76）

很奇怪的是

以我敏感的神经竟发现

周围那一部分

最普遍的脸来自老师

我想起

大孩子的高中初中小学幼儿园班主任

二孩子的初中小学幼儿园班主任

三孩子的小学幼儿园班主任

小孩子的幼儿园班主任

我都并不喜欢，他们都并不生动

以我敏感的神经

我没有与他们

交谈

只暗地里观察

当然还包括代课的

其他的老师

四月初的一天

我领着最小的孩子

去上幼儿园

路边的树枝条干枯没有发芽

孩子冻得瑟瑟发抖

牙齿在响

这是寒冷的一年

我敏感的神经在一月某日

一个下雪的半夜

忽然醒来

牙齿在响

着

梦（77）

曹喻在那儿拿着一把吉他弹

我跟着哼哼着

哼哼哼的时候

我的失语症间歇犯了

底气虚弱的喉部

嗓子失灵

神经和双腿

像僵硬的石块

那把吉他

反射白光，照着我

无力的两手

无力的双脚

逐渐魇住，我的全部

除了一颗醒着的

脑袋

梦（78）

中国男足又一次冲进

世界杯

其真实性好像不是梦

大家也都忘记，是怎么冲进的

电视报纸等一致没有记录

只宣讲了冲进的合理性

总之

被抽在一组的

那些国家的球迷，包括所有人

都为此事，跑出来

额手相庆，作揖祝贺

舞狮起舞，吆喝叫好

像中国古装剧里的做法

一样

梦（79）

在一个密道里

我和我父

由一个掮客

引达密室

房间通明热闹

有七八个神医

像《西游记》里

各种土地

一个走来给我号脉

侧面看像纸片人

一会又胖成皮球

他的手枯槁细瘦

号到脉上却是柔若无骨

完后神秘地和大家

窃窃私语会诊

最后由一个像头头的

宣布了我的不治

此刻我轻松得

令众人不解

唯一的念头是

抱抱曹喻

梦（80）

把自己关起
读完车尔尼雪夫斯基
怎么办？
直到子夜二时
尘世如晨光逼近
我多向分裂的神经
开足马力
伴随冰凉的呼吸
变麻的两手
和体内嬗变之兽
坠入黎明前
黑色浓雾

梦（81）

孤独的小孩在楼下缓解孤独
孤独的大人在楼上孤独地看

我也一样
同样别无他途

梦（82）

医院里的提款机

排列整齐

像食人鱼般

保有生命

机器旁边的巨型鱼缸里

几条大鱼

张大嘴缓慢地

游来游去

梦（83）

我能感到

加速离去者

我能感到

我们将到来

我能感到

曲径通幽

无穷无尽

弯弯曲曲

来来回回

我能感到

太阳的灼热

胜过

一切

梦（84）

幸运地搭了个顺风车

在顺风车里

被车主热情似火拉着交谈三个半小时

社会事件

在漆黑的路上

飘雨的半夜

想要跳车

本想着静静地构思诗来着

空度一个可能的

夜晚

半夜回家又做了一个

梦中梦——追杀

梦（85）

M老师说我十年

变化挺大

由和蔼可亲

变成冷峻

我听了挺高兴

因为和蔼可亲

带我不断进入

寰宇的黑洞

而后者

刚好反向

梦（86）

诗神教我第 ·原则即
不必等待

等待一个笑容
生出恶之花

梦（87）

在北京一家新疆餐厅

吃小炒羊肉泡馍

对小时候咬牙切齿的黄花菜

变得不那么讨厌

对做得面目全非的西安名吃

咬牙切齿

吞下

吃前和服务员争论了一通为什么

和菜单上放的照片不一样

梦（88）

我不愿给一个挺庸俗的人点赞

可最后还是点了赞

我说了我是分裂的两瓣

其实我想鞭挞他

疏离他

却给他点了一个赞

我不想成为庸俗的人

更不想附和

真想拿剑奋力一戳

可是我只是想一想

我点了赞后

就不得不看到

后面一群挺庸俗的人在跟着点

这不停地刺激

我的神经

尤其后者最不能令我

忍受

梦（89）

满天飘着的
明前茶叶
在太阳下渗出了亮色的
油

它流在梦里
像叶子的脉络
叶子的脉络依次
被堵住
逐渐变黄，流入大海

梦（90）

小野猫在夜里闪烁
我忘记买火腿肠
束手无策

怪兽在太阳下
尽情舞蹈

西北有寒雨
打在车顶
滴入里面
谁能救我
脱离

梦（91）

魂已飘离

爱这爱那

爱这

旷大无边

爱那

共同的乐

敏感的孩子

你们是上天的宠儿

忧郁少年最易不朽

伟大作品来于苦难灵魂

好好度日

一切都有安排

梦（92）

太阳忍受着悲伤

带给人间这希望之光

我忍受这悲伤

带给人间些希望之光

这些都没什么

逻辑关系

我写到第 10 本

才写出杰出的

代表作

《东湖》

梦（93）

我向诗神诉说当前生活与
工作
和我的心情
一切
"啊，那真是谬不可言"
他说
"我的复杂病痛
源于此"
我说
"无人可晓得"

梦（94）

修女们一度认为

卢欧小姐有灵性有前程

最后发现她

辜负了她们的

期望

并没有按

套路出牌

梦（95）

文人提问：

人本主义是什么？

这解释不清

我想

我想：

我和阿媛

走在大路上

刚在幼儿园参加完演出

我们走在大路上

她打了

一盏灯

梦（96）

我忘记写诗

在隐蔽的太阳下

这太阳热烈的风暴

这风暴带来

岑岑寂寂

使风景重新上映

楼房逐渐变成树

电话打到从前

我不想置身从前和以后

正如疫情之后将迎接什么的

到来，无所谓的任何部分

不管身处何地

不管怎么样

梦（97）

阳光灿烂

樱花谢落

将不复寒

钟鼓楼在老地方

城墙在老地方，一副巨大的对联

灯光闪着，古建筑这一切

照得先锋诗人的脸

脸泛彩色

心如寒铁

门洞中，迎面二人

一位酒量无双

一个不停晃脑

朝我准备示意

幸好他们各自戴着口罩

我也戴着并且快速走掉

梦（98）

红蚂蚁出来了

高速路口蜜蜂飞进窗户

我是夏天的诗神

我的膝盖也变得温暖

我的胃

断断续续

我是诗神的夏天的

蜜蜂

飞进窗户蜇了

里面的人

梦（99）

来吧，文学青年
来写口语诗，一些现代主义的
你们最
接近
几千年以来
但仍有一个人生的
距离
别灰心，壮起胆
让你们都变为男子汉
让她们（你们的她们）都
绝世而独立
（诗神如是对我念叨）

梦（101）

仓皇踏入第聂伯河

滋养的一片沼泽

一个好听的名字的沼泽与河流

一朵黑色的玫瑰

开着

一朵诱人的暂时的普通的寡淡的略带刺的

黑色玫瑰

哦，

还好中午很短

我及时

拔出来

梦（102）

寒风里

走过宿舍底下那条路

上面写着上海西路

我走过马路

回到宿舍

温暖得像海边

此时此刻唯一能做的

就是

打开书

下蹲，升起

充耳不闻

深呼吸上来下去

寻找眼里的

反光

把它们

送出

继续保守

秘闻

这是最好的阶段

一个人

不负好光阴并

保持

住

拉宾德拉纳特·泰戈尔

豪尔赫·路易斯·博尔赫斯

梦（103）

"我见过很多在泥地里总结干净的人
他们一是构成了现在
二是像我以前养过的宠物
那样，吃饱后
叫来叫去"
在讲台上给学生大谈写作
然后预言五年之内开始写小说
我心里想五年内就辞掉讲台工作
依我的特点
小说和老师不可兼得

梦（104）

两架飞机

挨得很近

拉着尾线

一个向西追着夕阳

一个向南往南飞

这是个奇景

也像征兆

我想

在不知名的冷空中

就快要相撞

它们交叉飞过一高一低

飞得低的追着夕阳

夕阳马上就要消失

在快消失前

飞得低的转头

和那飞得高的兄弟打声招呼，并一起

向南飞去

梦（105）

这是一个晚醒的早上

醒来就是消息遍地

科比走了

昨夜漫长恍惚近在咫尺的一个梦

那就是我的熟人儿（电视里的）

在最后

搂着他的女儿

说别怕

爸爸爱你

梦（106）

两天晴空

两天阴霾

这个漫长的反复

仍在继续

车子行驶在畅通的柏油路

人行道上走着瘦人

我喜欢瘦人

但不能太瘦

太瘦应该会

胆量细如毛

一个光头男给爱车消毒

消完他的又消他爱人的

他爱人在楼上没有下来

他爱人或许在楼上看他

也许没有在看他的秃顶

太阳光照在他的秃顶上

就像昨晚电视上看见的

毛稀医生

梦（107）

只有在风暴里

你才能写出好诗

或者在漩涡里

或者黑暗里

暴风雨中

或者在酒里

风驰电掣的酒里

或者在你天生的疾病当中

你，天生的敏感人儿

绝不可能在风和日丽的

椰子树边

写下它们

梦（108）

植物动物

都不错

自然

也没有庸俗

各种花

几只野猫从马路对面过来

春天来了

把我手

晒黑

我绕过人群

走向它们

后记

新的一集完成，我想做个简短的收尾。

这是以梦为主题的一本诗集，如实记录了我近几年所做的梦和梦呓，算是没有浪费时间，也给我的睡眠障碍找到理由与归宿。以梦入诗并不鲜见，甚至普遍，梦是人潜意识的精神反映，由神经系统自动生发，诗是人意识的艺术性产物，由大脑心脏如实表达，两者本质相似并且关联，由此梦的题材是适合创造诗的。我认为诗的写作是极私人的，一首诗在开始创作后便无须与任何人商量探讨，甚至认为所有艺术的本质都是个人行为，在于艺术家本人（先接收够信息，再由个人创作）。梦是个人的事情，如此讲，这是我的强项，由多年形成的因素决定（这点我越发认识到），所以此书我所做的工作即将二者结合起来，这工作要做好极具考验，但又充满感觉。

关于坚持诗的写作，看的东西越多、写得越多，在阅读大量现代主义作品后发现，大部分的创作思想、理论都已被前辈做过详尽的探索实践，一段时间通过阅读和写作你有所悟，以为将登顶，又过了一段时间，突然缓过神来，眼前又是一座峰。这真是不断攀爬的过程，从无知到逐渐向真相靠近,每到一站都是多么煎熬啊,但又是多么令人欣喜和振奋!

我早些时候还没有进入文学的大门时最为自大。

现代文学以及诗的各种可能性仍在人们的不断探索中前进,站在前辈们的肩上舞蹈,我能做的是继续保持学习和真实,不断认识自己和客观世界,思考文学和诗的各种可能性,探索不一样的文字表达方式,并呈现出来。

任何作品都掺杂不下一粒沙子。

在此我最想感谢的是首都师范大学教授吴思敬老师,他是我见过的为数极少的真正的诗评家和大学老师,我由衷敬仰他。他对我提出了真正的批评,给我动力。其次要感谢旺忘望老师,他是我多年的好友,作为著名艺术家,在很多方面造诣深厚,当然他也是一名诗人,当我出书需要一些帮助时,他欣然伸出援手。我从他的一个现代主义系列里选了一些喜欢的诗人、艺术家的画像,作为插图,以使本书成色更佳。还要感谢广西师大出版社、诗想者特约策划刘春先生和覃伟清编辑,还有每位为此书付出劳动的朋友,就不一一赘述,谢谢你们。

加缪曾说:我们应该正面地看着光,在死之前的任务是寻找它,用尽一切词语为它命名,如果一个艺术家是伟大的,那么每一件作品都使他更接近那个隐藏着的太阳的中心,或至少更近地围着这个中心运转。我很赞同并以此结束。

曹 波
2022 年 7 月 7 日